EL MOSAICO AMERICANO
La inmigración hoy en día

Los derechos de los inmigrantes; los derechos de los ciudadanos

Sara Howell

Traducido por Esther Sarfatti

PowerKiDS
press.

New York

Published in 2015 by The Rosen Publishing Group, Inc.
29 East 21st Street, New York, NY 10010

First Edition

Editors: Jennifer Way and Norman D. Graubart
Book Design: Andrew Povolny
Photo Research: Katie Stryker

Photo Credits: Cover Hill Street Studios/Blend Images/Getty Images; p. 4 Olaf Speier/Shutterstock.com; p. 5 Boston Globe/Getty Images; p. 6 Pete Spiro/Shutterstock.com; p. 7 monkeybusinessimages/iStock/Thinkstock; p. 9 Monkey Business Images/Shutterstock.com; p. 10 Epoxydude/Getty Images; p. 11 Ryan Rodrick Beiler/Shutterstock.com; p. 12 Universal Images Group/Getty Images; p. 13 (top) Zurijeta/Shutterstock.com; p. 13 (bottom) Rob Marmion/Shutterstock.com; p. 14 moodboard/Thinkstock; p. 15 Handout/Getty Images News/Getty Images; pp. 16–17 PBNJ Productions/Blend Images/Getty Images; p. 18 Phototreat/iStock/Thinkstock; p. 19 Blend Images - Hill Street Studios/Brand X Images/Getty Images; p. 20 Fuse/Thinkstock; p. 21 Sisse Brimberg/National Geographic/Getty Images; p. 22 Radius Images/Getty Images

Library of Congress Cataloging-in-Publication Data

Howell, Sara.
[Immigrants' rights, citizens' rights. Spanish]
Los derechos de los inmigrantes, los derechos de los ciudadanos / by Sara Howell ; translated by Esther Sarfatti. — First Edition.
  pages cm. — (El mosaico americano : la inmigración hoy en día)
Includes index.
ISBN 978-1-4777-6819-8 (library binding) — ISBN 978-1-4777-6822-8 (pbk.) - ISBN 978-1-4777-6821-1 (6-pack)
1. United States—Emigration and immigration—Government policy—Juvenile literature. 2. Emigration and immigration law—United States—Juvenile literature. 3. Immigrants—United States–Juvenile literature. 4. Citizenship—United States—Juvenile literature. I. Title.
JV6483.H6818 2015
323.0973—dc23

Manufactured in the United States of America

CPSIA Compliance Information: Batch #WS14PK1: For Further Information contact Rosen Publishing, New York, New York at 1-800-237-9932

Contenido

¿Quiénes son los inmigrantes y los ciudadanos?

Actualmente, hay unos 314 millones de personas en Estados Unidos. Estas personas tienen muchas culturas, religiones y orígenes diferentes.

La mayoría de los habitantes de Estados Unidos son **ciudadanos**. Eso significa que nacieron aquí o que tienen legalmente el derecho de vivir en este país.

Este inmigrante recién llegado trabaja haciendo queso. Los inmigrantes se dedican a todo tipo de oficios en Estados Unidos.

Esta es una ceremonia de naturalización de ciudadanos. Todas las personas en esta foto están a punto de convertirse en ciudadanos estadounidenses.

Más de 40 millones de personas en Estados Unidos son inmigrantes. Un inmigrante es una persona que se muda de un país a otro. Algunos inmigrantes deciden solicitar la ciudadanía. Una vez que se convierten en ciudadanos, pueden disfrutar de los mismos derechos que las personas nacidas en Estados Unidos.

Ciudadanos por nacimiento

En Estados Unidos, hay dos formas de hacerse ciudadano. La primera es nacer aquí. A estos ciudadanos se les suele llamar ciudadanos por nacimiento. Los nacidos en Estados Unidos no tienen que hacer nada para convertirse en ciudadanos. De hecho, ellos son ciudadanos aunque sus padres no lo sean.

Todos los bebés nacidos en hospitales de Estados Unidos son ciudadanos estadounidenses. La Decimocuarta Enmienda a la Constitución otorga la ciudadanía a todas las personas nacidas en Estados Unidos.

Los niños nacidos de padres estadounidenses en Corea del Sur, Italia o cualquier otro país también son ciudadanos estadounidenses. En las familias de los militares, los niños a menudo nacen en el extranjero.

Algunos ciudadanos por nacimiento en realidad nacieron en otros países. No obstante, si uno o ambos padres son ciudadanos estadounidenses, ellos también lo son. Por ejemplo, los miembros de las fuerzas armadas de Estados Unidos a menudo son destinados a otros países. Sus hijos son ciudadanos estadounidenses, independientemente de dónde nazcan.

Ciudadanos por ley

La segunda forma de hacerse ciudadano de Estados Unidos es por ley. Eso se llama **naturalización**. Los inmigrantes que llegan a Estados Unidos pueden hacer la solicitud para convertirse en ciudadanos naturalizados.

Los inmigrantes pueden seguir varios caminos a la ciudadanía. En general, un inmigrante debe entrar en Estados Unidos de manera legal. Después, debe vivir aquí como **residente permanente** durante al menos cinco años. El gobierno de Estados Unidos hará una verificación de antecedentes para asegurarse de que esa persona no ha tenido problemas con la ley. Los inmigrantes también deben demostrar que pueden hablar y entender el inglés y que comprenden el sistema de gobierno de Estados Unidos.

Solicitar la ciudadanía es un proceso largo y difícil. Sin embargo, una vez que a alguien se le concede la ciudadanía por naturalización, ¡esa persona tiene los mismos derechos y responsabilidades que los ciudadanos por nacimiento!

Tipos de inmigrantes

Esta es una tarjeta de residencia permanente, también conocida como tarjeta verde. No la poseen todos los inmigrantes en Estados Unidos, pero los que sí la tienen disfrutan de más derechos bajo la ley que los que no la tienen.

La mayor parte de los inmigrantes que viven en Estados Unidos están aquí de manera legal. Eso significa que tienen **visados** de inmigrante o tarjetas de residencia permanente. Estos documentos les dan permiso para vivir y trabajar en Estados Unidos. Cada año, solo pueden conseguir visados de inmigrante un número limitado de personas de cada país del mundo. Hoy en día, llegan grupos numerosos de inmigrantes legales a Estados Unidos desde México, China, India y Filipinas.

De los 40 millones de inmigrantes que viven en Estados Unidos, unos 12 millones están aquí de forma ilegal. A estas personas a menudo se les llama inmigrantes **indocumentados**. No tienen permiso para trabajar, aunque muchos de ellos lo hacen.

Algunos estadounidenses han abogado para que los inmigrantes indocumentados tengan más derechos.

¿Qué son los derechos?

Un derecho se refiere a algo que una persona debería poder hacer. La gente que vive en Estados Unidos tiene muchos derechos importantes. Los más importantes se encuentran en la Carta de Derechos, que recoge las 10 primeras enmiendas, o cambios a la Constitución.

James Madison fue el autor principal de la Carta de Derechos. Más tarde, se convertiría en el cuarto presidente de Estados Unidos.

Estas estudiantes musulmanas pueden practicar libremente su religión. Este es uno de los derechos que garantiza la Primera Enmienda.

La mayoría de los derechos en Estados Unidos los disfrutan tanto ciudadanos como inmigrantes. Por ejemplo, ambos tienen el derecho a la libertad de expresión. Este derecho permite a la gente decir o escribir lo que cree sin miedo de meterse en líos con el gobierno de Estados Unidos. La gente también tiene el derecho de pertenecer a cualquier religión que elija.

Durante el proceso de solicitud de la ciudadanía, hay una entrevista. Es una buena ocasión para hablar de lo que te gusta de Estados Unidos, como nuestros derechos constitucionales.

Los derechos de los ciudadanos

Esta foto representa a un jurado en un juzgado de Estados Unidos. En los juicios penales, un jurado decide si alguien es culpable o inocente.

En Estados Unidos, los ciudadanos disfrutan de todos los derechos nombrados en la Constitución. Tienen el derecho de votar en las **elecciones** para decidir quién les representará en el gobierno de Estados Unidos. Tienen el derecho de ser juzgados por un **jurado** si se les acusa de un crimen. También tienen el derecho de servir como jurado en los juicios de otras personas.

En la mayoría de los casos, tanto los ciudadanos por nacimiento como los ciudadanos naturalizados tienen los mismos derechos. Sin embargo, la Constitución da a los ciudadanos por nacimiento un derecho especial. Dice que para poder ser presidente de Estados Unidos, uno tiene que ser ciudadano por nacimiento.

El Presidente Barack Obama nació en Hawai en 1961. Eso significa que es un ciudadano por nacimiento.

Los derechos de los inmigrantes

Todos los ciudadanos de Estados Unidos y todos los inmigrantes tienen derecho a la atención médica de emergencia, incluso los inmigrantes indocumentados.

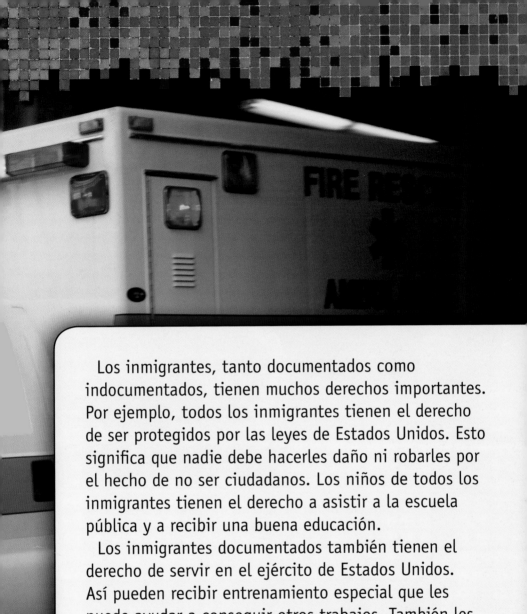

Los inmigrantes, tanto documentados como indocumentados, tienen muchos derechos importantes. Por ejemplo, todos los inmigrantes tienen el derecho de ser protegidos por las leyes de Estados Unidos. Esto significa que nadie debe hacerles daño ni robarles por el hecho de no ser ciudadanos. Los niños de todos los inmigrantes tienen el derecho a asistir a la escuela pública y a recibir una buena educación.

Los inmigrantes documentados también tienen el derecho de servir en el ejército de Estados Unidos. Así pueden recibir entrenamiento especial que les puede ayudar a conseguir otros trabajos. También les puede ayudar en el caso de que decidan solicitar la ciudadanía.

La deportación

La patrulla fronteriza vigila las fronteras de Estados Unidos. A veces, los agentes agarran a inmigrantes indocumentados que tratan de cruzar la frontera. Estas personas a menudo son deportadas.

Los ciudadanos de Estados Unidos tienen el derecho de vivir aquí el tiempo que quieran. No obstante, a los residentes permanentes y a los inmigrantes indocumentados algunas veces se les obliga a irse de Estados Unidos y regresar al país del que vinieron. A esto se la llama **deportación**.

Hay muchas razones por las cuales una persona puede ser deportada. Una de ellas es que haya entrado en el país de forma ilegal o con documentos falsos. Otra razón es que haya cometido un crimen muy serio o varios delitos menores. Un inmigrante también puede ser deportado por votar ilegalmente en una elección.

Como Estados Unidos es una democracia, votar es uno de nuestros derechos más importantes. Los inmigrantes no pueden votar en las elecciones hasta que no sean ciudadanos.

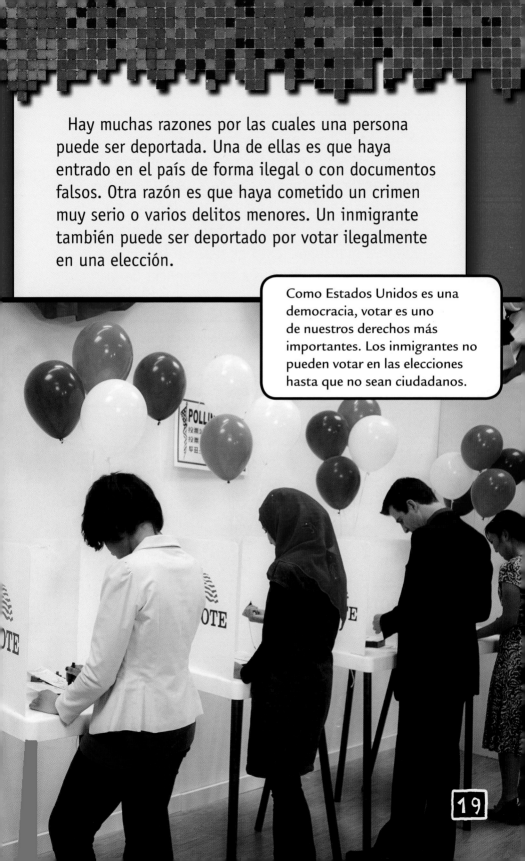

Los derechos y el crimen

Algunos de los derechos recogidos en la Constitución ayudan a las personas que han sido acusadas de un crimen, sea cual sea su estatus de inmigrante. Estos derechos pueden ayudar a alguien a demostrar su inocencia. También ayudan a mantener justo el sistema legal. Las personas tienen derecho a la asistencia de un abogado para su defensa.

Esta abogada argumenta su caso ante un jurado. Cualquier persona detenida en Estados Unidos tiene derecho a un abogado, aunque no lo pueda pagar.

Muchos trabajadores migratorios vienen a Estados Unidos durante una temporada corta para hacer cierto tipo de trabajo. Algunos trabajadores migratorios son indocumentados, pero están protegidos por las leyes laborales de Estados Unidos.

Si un juzgado decide que alguien es culpable de un crimen, esa persona todavía goza de muchos derechos importantes. Las personas que van a prisión tienen derecho a que se les trate **humanamente**. La Octava Enmienda a la Constitución dice que las personas que están en prisión no pueden ser castigadas de manera cruel y desusada.

Un mosaico cultural

En algunos lugares del mundo, la gente no tiene muchos derechos. Las libertades de las que gozan los ciudadanos y los inmigrantes contribuyen a hacer de Estados Unidos el país que es.

Podemos pensar en Estados Unidos como un **mosaico**. Un mosaico es una imagen que se hace encajando muchas piezas pequeñas para crear una obra de arte más grande. Las personas que viven aquí, ya sean ciudadanos o inmigrantes, tienen diferentes orígenes y culturas. Sin embargo, ¡encajan unos con otros para crear la imagen más grande que es Estados Unidos!

A Estados Unidos vienen inmigrantes de todas partes del mundo para formar parte de nuestro mosaico cultural. Y tu familia, ¿de dónde viene?

Glosario

ciudadanos Personas que nacieron en determinado país o han adquirido el derecho a los privilegios y protecciones de un país.

deportación El acto de obligar a alguien a salir de un país.

elecciones Una forma de elegir a las personas que ocuparán ciertos cargos por medio de votos.

humanamente De forma sensible o que no cause dolor.

indocumentado Sin los papeles oficiales que le permiten a una persona vivir y trabajar en un país de forma legal.

inmigrantes Personas que se mudan de su país a otro país.

jurados Grupos de personas elegidas para tomar decisiones en los casos judiciales, basándose en los hechos que se les presentan.

mosaico Una imagen que se forma encajando piezas pequeñas de piedra, cristal o cerámica y pegándolas.

naturalización El proceso de hacerse ciudadano.

residente permanente Alguien que no es ciudadano pero que tiene derecho a vivir y trabajar en un país para siempre.

visado Permiso oficial para entrar en un país.

Índice

Sitios de Internet

Debido a que los enlaces de Internet cambian a menudo, PowerKids Press ha creado una lista de los sitios Internet que tratan sobre el tema de este libro. Este sitio se actualiza con regularidad. Por favor, usa este enlace para ver la lista: www.powerkidslinks.com/mosa/immri/